高EQ孩子的睡前故事

成為受歡迎同伴的秘密

跨版生活

編者序

睡前故事時間是家長和孩子一起渡過最美好的時光之一。孩子在家長說故事聲中獲得安穩和親密無間的感覺，能平靜及穩定他們的情緒，讓孩子輕鬆愉快地入睡，提升睡眠質素。

以下提供幾個說睡前故事的秘訣：

- 家長可以使用聲音變化的小技巧，繪聲繪色地模仿故事人物說話，增添說故事的趣味。
- 故事控制在 10-15 分鐘以內，過於冗長的故事會讓孩子感覺無聊，注意力不集中。
- 明白家長會希望在講故事同時教導道理，可是在講故事的過程中給予太多壓力，反而和讓孩子輕鬆入睡的原則背道而馳！

本書的 25 個故事，每篇都有清晰的主題，可在溫和平靜的睡前時間中，引導孩子提升 EQ 和人際交往技巧，篇幅也控制在適合睡前閱讀的範圍。書中的文字淺白易懂，故事簡潔幽默，配上精美插圖和有趣的特殊字體，閱讀時趣味盎然。

就讓孩子每天期待晚上的來臨，在故事中入眠，睡夢裏進行一場又一場歡樂的冒險……

孩子，睡個甜夢吧！

目錄

合群篇

關愛篇

愛護幼小篇

助人篇

禮貌篇

合群

大雁歷險記

秋天到了，北方的天氣開始轉涼，大雁都陸續起程向南飛。

小禹是一隻正值壯年的大雁，牠飛得很快，而且反應靈敏，在雁隊中負責偵察附近有沒有猛禽或野獸，若有就通知領頭雁大哥避過危險。

這一天，當雁群飛越樹林上空的時候，小禹發現樹枝上站着一隻大雕，於是向領頭雁大哥發出警告⚠，領頭雁大哥馬上改變方向，只在樹林邊緣掠過，不飛進樹林裏。不過，這時大雕也發現了雁群，立刻振翅追趕牠們。其他大雁都跟着領頭雁大哥加速向前飛行，但年少氣盛的小禹反而減速墮後，原來牠想試試自己的實力，計劃引開大雕保護雁群。

「快向前飛，不要落後。」領頭雁大哥看到後，立刻提醒小禹。

小禹沒有回答，也沒有加速。牠早已厭倦每天跟着領頭雁大哥行事，牠覺得自己的能力遠不止是一個偵察兵，而今天就是顯示牠實力的時候了。小禹打橫飛出去，離開了雁群。

大雕發現有一隻大雁離群，馬上轉向追着小禹。雁群脫險了，但小禹被大雕窮追不捨。小禹雖然強壯，卻始終不及大雕飛得快。大雕愈飛愈近，向小禹伸出了利爪，眼看就要抓到小禹了。就在這千鈞一髮的時刻，領頭雁大哥追到了，並用身體擋住了大雕的利爪，還狠狠地向大雕的胸口啄了下去，而小禹也轉身用腳踢大雕的眼睛。大雕嚇了一跳，唯有放棄捕獵，飛回樹林。

雁群雖然脫險，但領頭雁大哥被大雕抓傷了。雁群停在湖邊休息時，大家都怪責小禹不該獨自離群，連累領頭雁大哥受傷。

「我只是想引開大雕保護大家而已。」小禹辯說道。

「你這樣做太危險了！」「這樣做是沒有用的！」「你太衝動了！」大家都不接受小禹的說法，還你一言我一語地批評牠。

小禹愈聽愈氣，說：「我這麼沒用，以後就再也不連累大家了！」牠一怒之下，舉翅飛上了天，離開了雁群。

小禹離群之後，卻發現自己雖然飛得快，但不會認方向，不知道往南方應向哪裏飛，很快就迷了路，夜晚獨自在灌木叢中留宿，還差點給黃鼠狼抓去。小禹愈來愈掛念雁群和領頭雁大哥。

第二天晚上，小禹在沼澤邊的草叢裏睡覺時，被附近的竊竊私語聲吵醒。原來是兩隻狐狸在商量計劃半夜攻擊一個雁群。

「那隻領頭雁似乎是受了傷，今晚一定有大餐吃了。」一隻狐狸說。「對啊！我先去抓那隻領頭雁，沒了首領雁群一定大亂，那時你再乘機多抓兩三隻一起享用。」另一隻狐狸接着說。

小禹一聽到「領頭雁……受了傷」，就想到可能是在說自己的雁群，於是在狐狸出發的時候偷偷地跟在後面。

小禹跟着兩隻狐狸走到了沼澤另一邊，真的看到了領頭

1

合群

雁大哥帶着雁群在那裏休息。小禹馬上**大力拍打翅膀飛起來**，還**嘎嘎大叫吵醒雁群**，就像以前那樣執行偵察和預警的任務。

雁群聽到小禹的預警，全都跟着領頭雁大哥飛了起來，離開這個危險的地方。小禹也跟上去，一起到附近另一個沼澤邊休息。

「歡迎你回來！我們都很**掛念**你！」大家異口同聲地對小禹說。

「還好你向我們發警告，這幾天沒有你，我們經常被猛禽或野獸發現。」領頭雁大哥說。

小禹聽後**十分感動**，以後更努力地做好偵察和預警的工作，還虛心地向領頭雁大哥學習辨認方向的本領，領頭雁大哥也盡心盡力地教牠。

第二年春天，領頭雁大哥去世了，小禹帶着雁群安全地飛回了北方，成為了**新的領頭雁**。

六尺巷的故事

清朝有一位頗有名氣的宰相，他的名字叫張廷玉。他是安徽桐城人，生於積善之家，非常注重自我修養，也很孝順父母，朝中的大臣都十分敬重他。

在朝廷出任宰相時，張廷玉讓母親在家鄉安頓下來，只要有時間，就經常回家探望她。

有一次，張廷玉忙完朝中的大小事情後，十分想念在家鄉的母親，就日夜兼程回家。經過數天的舟車勞頓，終於回到家裏。

張廷玉一踏進家門，心裏就想：「回家真好啊！」急着要仔細看看家中周圍的庭院，看着看着，忽然覺得家中的房屋似乎變得破舊了。為了令母親有個舒適的家園，他馬上命令傭人進行修復房子的工程。一切都安排妥當後，張廷玉就跟母親告別，獨自回城裏去。

張家旁邊有一戶葉姓人家，兩家之間有一塊空地；葉家打算在這裏擴建房子，張家則打算在這塊地上興建迴廊。為了這塊地，兩家人發生了爭執。

張家的傭人開始挖掘地基時，葉家的傭人大聲地說：「這塊地是我們用的，你們不要在這裏挖掘！」說完就馬上用泥土填上；當葉家打算開始擴建工程時，傭人們拿着尺子去量度那塊地，張家的人就馬上奪走工具。

雙方多次吵架，有幾次差點打起來。總之，雙方各不相讓，各自認為自己有權用這塊地。

張廷玉的母親感到非常憤怒，於是給兒子寫信，叫他盡快回家處理這件事。

張廷玉收到母親的信後，只看了一會就不慌不忙地拿起筆來，寫了一首短詩。他的詩這樣說：

「千里家書只為牆，再讓三尺又何妨？

萬里長城今猶在，不見當年秦始皇。」

寫完後，就派人把這封信送回家。

母親收到兒子的信，看到這數行詩，覺得兒子說得很有道理，在心裏對自己說：「對啊，為了小小的一塊地方，不

2 合群

但有傷張葉兩家的和氣，而且為了這一點小事而生氣，萬一壞了自己的身體，實在不值得啊！」

於是張母跟傭人說：「我們就把迴廊的牆退後三尺吧，好讓葉家的人可以擴建房子。」

葉家知道後，感到十分慚愧，於是也主動把房屋的牆退後三尺，並登門道歉。

這樣，**兩家各讓三尺**，以前互不相讓的三尺之地反而變成了一條六尺寬的小巷，大家出入也方便多了。後來，這條小巷取了一個名字，稱為六尺巷。

有一首打油詩最能形容這條小巷和這一件互相禮讓的美事：「爭一爭，行不通；**讓一讓**，**六尺巷**。」

樂樂的聖誕禮物

樂樂是獨生子，爸爸媽媽都很疼愛他，常常**買玩具給他玩**。每年聖誕節，爸爸媽媽還會精挑細選一件大型玩具給他，逗他開心。

這一年的聖誕節，媽媽買了**遙控模型遊艇**給樂樂，那遊艇看起來很好玩。

「喜歡這禮物嗎？」媽媽問他。

「還可以嘛。不過好像和去年的模型汽車差不多大。」樂樂說，他對於大型玩具似乎有些麻木了。

「可這是遊艇啊！」媽媽解釋說：「這個好玩多了。」

「哼！」樂樂不在意地應了一聲。

媽媽看見樂樂的回應這麼**冷淡**，有點不知所措，就和爸爸商量明年送甚麼禮物給樂樂，才會令他開心。

爸爸也沒有辦法，但提了一個建議：

「不如我們寫信問聖誕老人吧，聖誕老人總有辦法逗孩子開心。」

媽媽也同意，就寫了信寄去北極向聖誕老人求助。

很快他們就收到了聖誕老人的回信。聖誕老人答應明年聖誕節保證送一件令樂樂開心的禮物給他，但有一個條件，就是樂樂在這一年內要對人有禮貌和友善，多關懷身邊的人，遇到有人需要幫助時要主動幫忙。而且爸爸媽媽也要帶樂樂多參加團體活動，多和其他小朋友一起玩。

爸爸媽媽將聖誕老人的信展示給樂樂看，樂樂聽說明年聖誕老人會送一件令他驚喜的禮物給他時也很雀躍，十分願意接受聖誕老人的條件。

於是接下來的一年，樂樂努力做一個友善和禮貌的孩子，主動幫同學和朋友的忙，大家都很喜歡他。而且，由於爸爸媽媽常帶他參加童軍和生日會等活動，還交了一些很要好的新朋友，大家常常一起玩得很開心。

轉眼又是冬天，聖誕節又到了，樂樂一家人都對聖誕老人的禮物充滿了期望。

3 合群

聖誕節那天，外面下起了雪，樂樂邀請了新朋友明明和康康到家裏玩。玩得正高興的時候，郵差叔叔送來一個來自北極的大郵包。

「是我的聖誕禮物！」樂樂興奮地打開大郵包，發現裏面是一個足球，還有聖誕老人的字條：

「和你的朋友一起玩吧！祝你聖誕快樂！」

樂樂看見只是一個足球，覺得有些失望，但身邊的明明和康康一起叫了起來：

「去雪地踢球吧，很好玩呢！」

樂樂也覺得這主意不錯，就帶着球和明明、康康一起去屋外玩。

爸爸媽媽透過窗口，看到樂樂三人玩得很開心，又叫又跳的，都感到很安慰。

「想不到一個簡單的足球已可使樂樂這麼開心，比起我們的模型玩具和機械人強多了。」媽媽有點喜出望外。

「友誼是聖誕老人送給樂樂的真正的聖誕禮物啊！」爸爸滿意地說。

網上交友故事

阿詠和阿儀是同班同學，她們都很喜歡上網，各自有自己的網友，但她們兩人之間卻不知道對方的網名。

有一天，阿詠請了病假沒有返學，阿儀以為是感冒發燒之類，也沒有太在意。晚上在家吃過飯後，阿儀如常打開電腦上網和網友聊天時，有個名為「Wing」的網友要和阿儀閒談，阿儀就和她談了幾句。

Wing 告訴阿儀她今天請了病假，在家裏悶得慌，所以上網聊天。阿儀問她：

「那你得了甚麼病呢？」

「其實也沒甚麼，只是生了痔瘡而已，不過說出來怕被同學和舊網友笑話，所以故意找新網友閒聊。」

阿儀忽然想起今天阿詠也請了病假，思索這位名為 Wing 的網友會不會就是阿詠呢？於是阿儀故意問她讀幾年級，平時上課有甚麼趣事之類。結果 Wing 講的都是發生在她們班上的事，阿儀就認定了她就是阿詠。

雖然知道了 Wing 的身份，阿儀卻沒有告知對方是誰，繼續以網名 YoYo 和阿詠交談。阿詠怎麼也想不到 YoYo 就是阿儀，還對她講了很多對其他同學和老師看法等等。

第二天上學後，阿儀將阿詠生痔瘡的事當笑話講給同學們聽，還將和 Wing 的網上對話文字檔案到處傳送，幾乎整個年級的同學都知道了阿詠的事。阿詠又羞又怒，發誓和阿儀絕交，以後都不會再理睬阿儀。

過了幾天，阿儀有一晚在家上網時，收到了一封電郵，一打開電郵附件，電腦就顯示中了病毒，死了機。再開啟電腦的時候，視窗已不能正常運作，阿儀感到很氣餒，懷疑是阿詠放病毒給她，報復幾天前的泄密事件。

第二天回到學校見到阿詠，阿儀正想質問她為何發放病毒，哪知阿詠搶先開了口：

「你是不是中了電腦病毒？」阿詠關心地問道。

「你怎麼知道？病毒是不是你發放的？」阿儀很生氣。

「當然不是。我也收到病毒郵件，看到收件者也有你的名字，之後見通訊軟件上你的網名一直顯示為 offline，就估計你**中了病毒**。」阿詠解釋道。

「那你開心啦，不用出手我就得了報應！」阿儀悻悻然地說。

「我沒有這個意思，我只是想告訴你，我**有解這隻病毒的軟件可以借給你**。」阿詠從書包裏拿了一張光碟出來：「你看，我還把光碟帶來了呢！」

阿儀接過殺毒軟件光碟，想起自己**以小人之心度君子之腹**，感到很慚愧。

「上次的事對不起，我不該把你的私事到處說。」阿儀正式向阿詠道歉。

「算了吧，也過了這麼多天，我早已忘了。」阿詠笑着說：「你修理好電腦後記得多上網找我聊天啊！」

「好啊！」阿儀也樂意多了一位像阿詠這樣的**好網友**。

老虎仔

清代中國山西省的一片森林附近有一條村，村裏的男人大多是獵人，以打獵老虎為生。村裏有個家庭只有兩口人，年老的媽媽和年輕的兒子。兒子和已過世的爸爸一樣，也是獵虎的，對媽媽很孝順。

有一年冬天，兒子和其他獵人一起上山打獵時遇到了大風雪，和同伴失散了。最後，兒子凍暈在山上，還給山上的母老虎帶走餵給老虎仔吃。

年老的媽媽失去兒子後，感到很徬徨，因為今後再沒有人可以依靠了，自己年紀又太大，無法維持生計。於是老婆婆向縣官求助，希望縣官可以幫她。

縣官見她可憐，就規定以後每個獵人打到老虎時，都分一小份給老婆婆，讓她可以過活。可其他獵人都不願意幫老婆婆，因為山上的老虎愈來愈少，自己要養活一家人已不容易。於是獵人就商量決定一起幫老婆婆報殺子之仇就算了。

第二天，獵人們一起上山，打死叼走老婆婆兒子的母老虎，還把母老虎的老虎仔帶到老婆婆面前，告訴她可以殺死老虎仔泄恨，而且老虎仔的肉可以吃，骨頭也可以製酒醫老婆婆的腳痛，但他們以後獵到虎時就不會再分一小份給老婆婆了。

老婆婆不忍心殺死只有貓那麼大的老虎仔，於是就索性收養了牠，還要求縣官頒令，將老虎仔當作老婆婆正式的養子，其他獵人都不可傷害牠，縣官也答應了。

冬天天氣很冷，老婆婆家中的柴燒完了，晚上冷得發抖，老婆婆就和老虎仔一起睡。還好老虎仔的毛很暖，幫老婆婆渡過了寒冷的冬天。

第二年春天，老虎仔長大了，要吃的東西多了，老婆婆就幫人做一些針線活來賺一些錢，然後買食物給老虎仔吃。

再過一年，老虎仔長到很大，比人還重，村裏的人都很害怕，怕牠會傷害人，要殺死老虎仔。老婆婆就拿起兒子留下的獵槍保護老虎仔，說誰要傷害老虎仔就開槍。

村裏的人沒辦法，唯有讓她將老虎仔養大。

老虎仔長大，老婆婆的家對牠來說也太小了，無法住下去。老婆婆就讓牠去森林的山洞裏住。老虎仔雖然住在山洞裏，但經常回來探望老婆婆，每次都會帶一些禮物來，包括鹿肉、羊腿和山果等，老婆婆有了這些食物後，針線活也不用做了，可以安享晚年。

再過幾年，老婆婆因為年紀太大去世了，村裏的人將她安葬在森林旁邊。

許多人都發現，每天晚上，老虎仔都會來到老婆婆的墳墓旁陪伴老婆婆，直到老虎仔自己也變得老態龍鍾。之後有一晚，老虎仔沒有再來到墳墓旁，並從此在森林中消失了。

6 合群

一碗車仔麵的感悟

今天下午，明恩因為一些雞毛蒜皮的小事，跟**媽媽吵架**。一怒之下，明恩甚麼都有沒帶，就獨自往街外跑。她跑呀跑，跑了一段路後，才發現自己沒有帶錢包，身上一毫子也沒有，連家裏的鎖匙也沒帶！可是，她仍然很生氣，於是管不了那麼多，就獨個兒在街上蹓躂。

她走了一個多小時後，覺得肚子「咕咕」作響。她想起跟媽媽吵架前，只吃了兩片餅乾，難怪現在感到非常餓了！走着走着，經過一條小巷，那裏傳來香噴噴的氣味。「**是車仔麵！**」明恩不禁叫了一聲。原來小巷裏有一檔車仔麵，明恩很想吃車仔麵，還有她喜歡的雞翼和腸仔。

「好想吃啊！」明恩心裏說着。可是，她沒有錢，只能站在角落裏呆呆地流口水。

過了一會兒，車仔麵檔的老闆發現明恩站在角落裏，久久沒有離去，於是上前問她：「小朋友，要不要吃一碗車仔麵？」

明恩不住地點頭，「可是……可是我忘了帶錢。」她不好意思地回答說。

車仔麵檔**老闆**和藹地說：「不要緊，我請你吃吧！來，坐下來，我給你煮一碗車仔麵！」

不一會兒，老闆送來一碗**熱辣辣**的**車仔麵**，還有**雞翼**和**腸仔**。明恩餓極了，大口大口地吃了幾口，吃着吃着，突然掉下兩顆眼淚來。

「小朋友，怎麼了？」老闆關心地問道。

「沒甚麼，我只是很感動……」明恩一邊擦掉淚水，一邊對老闆說：「我們互不認識，你只不過在小巷的角落裏看到我，卻對我這麼好，願意給我煮一碗車仔麵，又免費讓我吃！可是……我的媽媽……，我跟她吵架，她竟然把我趕出來，還叫我不要再回去！……老闆你能對我這麼好，但我的媽媽**竟然這樣對我！**嗚……嗚……」

老闆聽到後，接着說：「小朋友，你怎麼可以這樣想呢！我只不過給你煮了一碗麵，你就這麼感激我了，別忘了你的

6 合群

懷舊車仔麵

媽媽每天都為你和家人煮麵和做飯，相信也有十多年了，你怎麼不去感激她呢？」

明恩一聽，像當頭棒喝，呆呆地看着老闆。她心裏想：「是啊！一個跟我不認識的人給我煮了一碗麵，我就這樣感激他，但我的媽媽花了大半生的時間養我育我，照顧我，為我煮麵和做飯，我怎麼沒有對她表示一點感激呢？還為了一些小事而跟媽媽大吵一架。」

明恩匆匆地吃完麵，向老闆道謝後，就鼓起勇氣回家去了，她真的很想跟媽媽說一句：「對不起，我錯了！」

明恩帶着急促的腳步飛奔回家，走到附近的公園時，看到一臉疲憊、神情焦急的媽媽正在四處張望……當她看到明恩時，就關切地說：「你跑到哪兒去了，媽媽很擔心啊！我們現在趕快回家去吧，爸爸和哥哥都在等我們一起吃晚飯！」

明恩緊緊拉着媽媽的手，開心地回家去了……

關
愛

九色鹿捨己救人

傳說在很久以前，在古印度恒河的河邊有一隻鹿中之王，牠吃着豐美的水草，過着無憂無慮的生活。牠的皮毛有九種奇妙的顏色，鹿角像雪一樣潔白，因而被稱為「九色鹿」。

由於九色鹿的皮毛和尖角都很罕有和美麗，價值連城，因此很多人都很想捕獵牠以謀利。

有一天，九色鹿像往常一樣在河邊散步，突然聽到呼救聲，原來有一個人掉到河裏，看來快要被水淹沒了，心地仁慈的九色鹿於是奮不顧身跳到河裏去，把溺水的人拉上河岸。

「剛才真是十分驚險呢！」溺水的人被九色鹿救起後，非常感激牠，就跪在地上對牠說：「謝謝您的救命之恩，就讓我終生侍奉您吧！」

九色鹿隨即對這個人說：「你毋須報答我，我只希望你能**保守秘密**，不要向任何人洩露我居住的地方，因為人們會貪圖我美麗的皮毛和犄角。要是讓他們知道了這地方，就會有人來殺害我了。」

溺水的人答應保守秘密後，便回家去了。

後來，王后做了一個夢，看見美麗的九色鹿，醒來後就跟國王說：「我要用九色鹿美麗的皮毛做衣服，要用牠那**雪白的鹿角**做拂柄。如果得不到牠，我就會死去。」

國王為了心愛的王后，於是就跟所有人說：「誰若知道九色鹿的住處，我就把國土和財產的一半分給他。」

這麼誘人的賞賜，真的令人心動呢！

那個被九色鹿從河中救起的人動了貪念，見利忘義，於是告訴了國王，並帶他來到恒河邊捕捉九色鹿。

當時九色鹿正在山林中睡覺，烏鴉知道後，馬上叫醒牠：「不好了！不好了！國王和他的軍隊**正在河邊搜捕你**，你趕快逃走吧！」

可是當九色鹿正要離開時，**國王的軍隊**已經把整個山林都重重包圍了。

九色鹿在軍隊的重重包圍之中認出了那個人，於是理直氣壯地向國王述說自己救了那個溺水的人的經過。

國王聽到後，覺得九色鹿心地善良，又樂於幫助人，而且沒有期望得到任何回報，實在令人感動。

他轉而指責溺水的人**忘恩負義**，並下令從今以後任何人都不得傷害和捕捉九色鹿。

結果，那個溺水的人因為不守信約，身體突然長滿了毒瘡，口裏發出**惡臭**，令人人都厭惡他。而王后也因為一時的貪念而失去了國王的寵愛，最後悲憤而死。

關愛生命的醫生

史懷哲醫生是德國人，父親是一位牧師，他從小就有一顆愛心，關愛世間上所有有生命的東西。

小時候，史懷哲跟同學比賽，看誰力氣大，結果他贏了，但是同學們認為不公平。其中一個同學說：「我認為比賽結果不公平，因為史懷哲家境富裕，住得好，吃得飽，力氣自然比其他人大。」

史懷哲聽到後，不但沒有感到生氣，反而心裏下定決心，要像其他人一樣過着普通人的生活，避免跟他們不同。

有一次，同學們約少年史懷哲到山上射鳥，對生命充滿愛心的他覺得這樣做非常殘忍，於是用各種方法把鳥兒嚇跑，令牠們避過被殺的命運。

史懷哲長大後，做了醫生，希望透過自己的醫術，挽救病人的生命，醫院的病人都很喜歡他。

8 關愛

史懷哲醫生三十歲後，一天早上看報紙時，無意中讀到一則有關非洲土著的新聞。對人類充滿關愛之情的史懷哲醫生非常同情他們，於是毅然決定到非洲去當醫生。從此，他的大半生都在熱帶叢林中渡過。

史懷哲醫生帶着滿腔的熱誠，前往法屬赤道非洲蘭巴倫這一片原始林區。這裏只有參天的巨木、水、猛烈的陽光、巨大的昆蟲、蚊子和蒼蠅，土著們正受着病痛與貧窮的折磨，一片人間慘劇的境況。

史懷哲醫生來到這裏後，開始在傳教辦事處那殘破的雞舍裏義診。當時很多土著都患有心臟病、肺病、精神病、脫腸、象皮病和膿傷等，還有一些患上熱帶赤痢、痲瘋、昏睡病、日曬症及疥癬等，情況真的十分糟糕！

對史懷哲醫生來說，最難應付的不是這些可怕的疾病，而是土著們對病痛的種種迷信與錯誤觀念，以及他們慵懶、偷竊和浪費的習慣。

無論情況怎樣糟糕，史懷哲醫生本着關愛人類的心，盡力去醫治土著們的身體和心靈，他認為拯救他人脫離不幸與貧窮是自己的責任。

皇天不負有心人，在史懷哲醫生日以繼夜的醫治和關懷下，土著們漸漸信任他，也敬愛他，他們都稱他為「歐剛加」——神人。在土著們的心中，史懷哲不僅僅是醫生，同時也是他們的嚴父、兄長、工頭和密友。

最後史懷哲醫生在土著們的協助下興建醫院，製造磚頭，調配藥方，開拓農場，改善了土著們的生活。

兩次世界大戰期間，由於史懷哲夫婦是德國人，他們被關進法國俘虜營裏。即使飽受種種折磨，為了解決醫療資金短缺的問題，史懷哲不斷到歐洲各國舉行演說會，籌募經費。後來，他的愛心和熱情終於引起主教和世界各國人士的迴響。人們紛紛表揚他，也敬重他。他把籌集到的資金用來擴充非洲的醫療設備，以及重建醫院，讓更多病人獲得適當的治療。

1953 年史懷哲醫生獲得諾貝爾和平獎，他一生對非洲土著付出無私的愛，難怪被稱為「黑人之父」。

積德行善的好官

東漢時代有一位人人讚揚的好官，他的名字叫鍾離意。鍾離意為人善良，富有同情心，品格清廉，做官時從不貪贓枉法，常常幫助別人。鍾離意年輕時擔任郡督郵，他的部下大都曾接受他的幫助。

當時，天災戰亂時有發生，人民生活水深火熱之中，生活真的非常艱苦。有一年，郡裏發生瘟疫，病菌迅速傳播，無數的人民死於疫症。死的死掉，逃亡的四處逃亡，人心惶惶；官員害怕染上瘟疫，紛紛離開。

鍾離意的隨從說：「鍾大人，疫症已經蔓延整個地方，請大人趕快收拾行裝離開這裏吧……」

鍾離意回答說：「你就趕快離開這裏吧！我不能走，因為這裏的老百姓需要有人照顧，我就留下來好了，你們去吧！」

隨從苦苦相勸，但鍾離意心意已決，隨從只好無奈地離開。

最後，只有鍾離意獨自留下來。他**親自照料**和**慰問病人**，給他們送上醫藥，以抵抗疾病的折磨。

後來，瘟疫終於停止了，鍾離意雖然常常接近瘟疫病人，但身體依然安然無恙。

曾受過他的幫助的老百姓說：「上天有眼，積德行善的好人當然受到上天眷顧，鍾大人真是一個好人啊！」

鍾離意因德行操守過人而被推舉為孝廉，**仕途一帆風順**。

有一年冬天，鍾離意奉命押送服役的人到河內一帶。這些服役的人身上只穿着單薄的衣服，有些已患上重病，不能行走了。一行人經過弘農時，鍾離意叫當地的縣令馬上為他們製作棉衣，讓這些服役的人穿上，以抵禦嚴寒。

走着走着，路途真的十分艱辛，**繫上刑具走路的人**更加辛苦。於是，鍾離意下令把服役的人的刑具卸下來，讓他們自己走路。

有些隨從擔心有人會逃跑或耽誤行程，結果，服役的人

公明廉威

都按指定的日期抵達目的地。

當時的皇帝光武帝知道這件事後，稱讚鍾離意有仁愛之心，是一位難得的好官。

後來，鍾離意出任各地的縣令，仍然以寬容和憐憫之心對待他人，據說很多曾犯罪的人都被他的關愛之心所感化。

其中有一個叫「防廣」的犯人，因犯罪而**入獄**，在獄中聽說母親病死了，感到非常傷心難過，也不願吃東西。鍾離意知道後，非常同情他，答允讓他回家去處理母親的身後事。

結果防廣辦完母親的身後事，不但沒有逃亡，還自行回到獄中。大家都稱讚鍾離意是一個**行善積德的好官**。

老鼠的禮物

鄉下住着一對和藹可親的老夫婦，他們雖然努力工作，但仍然很窮。

眼看就要過年了，老夫婦家裏只剩下一小碗米。老太太把這些米煮熟，做了一個小飯糰準備和老公公分享。這時候，他們發現家裏的老鼠窩裏傳來了哭聲：原來是老鼠媽媽和孩子們都沒有吃的東西，就要餓死了。老夫婦很同情他們，就把小飯糰送給他們吃，寧願自己餓肚子。

老鼠一家吃飽後，很感激老夫婦，就送了一些葉子給他們。

「雖然這些葉子不值得甚麼，但那是我們的心意，請無論如何收下吧！」老鼠媽媽說。

老夫婦就收下了葉子。

「既然有這麼多葉子，不如我們拿來編織斗笠吧！」老太太說。

「真是個好主意！」老公公也同意：「或許我們將這些斗笠拿去市集賣，可以賺一些錢來買食物呢！」

於是，老夫婦就一起用葉子編織了五個斗笠。老公公第二天就冒雪出門去賣斗笠。

在去市集的路上，老公公遇到了六個地藏泥菩薩。他看見地藏泥菩薩的頭上都堆滿了雪，老公公很過意不去，就幫他們掃走了身上的雪，然後還用雪捏了六個雪球來供奉他們。

「你們先忍耐一下吧！等我賣了斗笠再買些衣服給你們穿吧。」老公公說。

老公公來到市集後，雖然很努力叫賣，但斗笠一個也賣不出去。這也難怪，誰在這個時候買斗笠呢？大家都在辦年貨準備過年嘛。

一天過去了，天色暗了下來，市集的人也逐漸散去，老公公唯有帶着五個斗笠回家去。

老公公再經過那六個地藏泥菩薩的時候，看見他們依然被風吹雪打，雪又覆蓋了他們的頭。

「我賣不出斗笠，沒甚麼可給你們的了，就把這五個斗笠都送給你們吧！」老公公說着，將斗笠一頂一頂幫地藏菩薩戴了上去。可五個斗笠不夠六個地藏泥菩薩戴呀！怎麼辦好呢？

慷慨的老公公將自己頭上的斗笠也送給了第六個地藏菩薩，而自己就頂着風雪回家了。

回到家裏，老太太不但沒有怪責老公公，還讚他做得對。可是，這年關怎麼過呢？老太太和老公公又發愁了。

這時候，他們忽然聽到外面傳來一陣陣「嘿喲！嘿喲！」的聲音，似乎是誰在拉着雪橇，用力吆喝的聲音。他們出外看看，發現六個地藏菩薩拉着一個大雪橇向着他們家門口走來，雪橇上面有很多糯米、蔬菜和豬肉等食物。

「這是送給好心的老公公的禮物，謝謝你給我們斗笠戴。」地藏菩薩們說。

老夫婦倆都開心得不得了，因為現在他們不但可以過個好年，還足夠和老鼠一家分享這麼多好吃的東西呢！

10 關愛

小薇星際歷險記

今天晚上，小薇吃完飯看過電視就回房睡覺了。剛熄掉房裏的燈光的時候，小薇忽然發現床旁邊有一個明亮的光點，那光點愈變愈大，最後變成一個約二十多歲的姐姐。姐姐面部一點表情也沒有，只是像機械人那樣跟小薇說了聲：「你好！」

小薇覺得有點害怕又有點奇怪，問她：「你是誰？」

「你能幫我一個忙嗎？我很需要你幫忙！」那姐姐雖然說話的聲音很平淡，但看起來真需要人幫忙。

「好吧！那我要怎樣做呢？」小薇答應道。

姐姐沒再說甚麼，抱起小薇跳出窗外，落下時小薇發現不知何時屋外停了一艘飛船，姐姐和小薇剛好跳進飛船的駕駛艙裏，飛船也隨即向天空飛去。

「我們去哪裏呢？」小薇問。

11

關愛

「卡普坦星。」姐姐只答了一句，之後再問她甚麼都沒有回答了，小薇根本不知道卡普坦星在哪裏，感到很擔心。

在太空穿梭的時間不知過了多久，前面忽然出現了一條條縱橫交錯的激光，那些激光織成的光網離太空船愈來愈近。

「是天狼星人的死光陣。」沉默的姐姐忽然語調急促地說道。太空船雖然左閃右避，但還是給幾道激光打中，姐姐的手臂受了傷，太空船也損壞了，被迫降落在天狼星上。小薇連忙拿手帕要給姐姐包紮傷口。

「不要碰我！」姐姐大力把小薇推開，小薇撞傷了額頭，感到很委屈。

「你不是說需要我幫忙嗎？我看你現在最需要幫忙啊！」小薇想起了自己的承諾。

姐姐看着小薇天真的臉，沉默了一會，忍不住告訴小薇事情的真相：

「我當然不是需要這種幫忙！我是卡普坦星人，我們的星球因為環境污染和戰爭，已不再適合居住，所以我們想侵略地球。我抓你回去是要研究人類的弱點，使我們可以在很短時間內殺死你們。天狼星人早知道我們的企圖，所以佈下死光陣阻止我們這樣做，我是唯一一個闖過死光陣到達地球的卡普坦星人，想不到回去的時候還是避過不了天狼星。」

「你是個乖孩子，地球上還有很多像你那樣的乖孩子，我不想傷害你們了，你快坐上太空救生艇逃走吧！天狼星人也不是好東西，他們只是想比卡普坦星人先佔領地球，如果你落在他們手中也會成為實驗品。」

「可你留在這裏也會被天狼星人抓住呀，你和我一起暫時回地球吧！我們不會傷害你，還可以找科學館的人幫你和卡普坦星人聯絡呢！我真的可以幫你呀！」小薇還是想守自己的諾言。

「我的外形是假的，我真正的樣子很可怕，受傷之後就會顯現出來。」姐姐向小薇展示她那隻已變成八爪魚觸手那樣的手臂，小薇才知道為何剛才姐姐要推開她。不過，雖然姐姐的手臂很難看，小薇還是堅持要和姐姐一起回地球。

「謝謝你！」姐姐第一次微笑着說：「你要記住保護環境，不要讓污染和戰爭把地球毀滅，要不然很快就要像我們卡普坦星一樣不適合人類居住了，到時……」姐姐的臉突然發出刺眼的光芒，小薇睜開眼睛一看，是**窗外陽光照射**到她的床上。小薇鬆一口氣說：「原來是做夢。」

包實夫拜虎

明朝時，有個讀書人名叫「**包實夫**」。包實夫為人孝順，事奉父母十分周到，又通曉經書的道理，努力鑽研學問，後來到了「太常里」這個地方教書。

農曆年底，家家戶戶都忙着準備**過新年**，離鄉的遊子也趕着回家，與家人渡過節日，孝順的包實夫也不例外。

今天早上，包實夫就起程回家探望父母，身上揹着大包小包的，是送給父母的禮物。

包實夫一邊走一邊想：「不知道現在父母親怎樣了？希望他們老人家仍身心康泰。我很久沒有回家探望他們，真的非常掛念！」

雖然正值**烈日當空**，包實夫還是沒有放慢腳步，看來他是歸家心切呢！

可是，走到半路上，樹林裏似乎有一點聲音，包實夫心裏想念母親，沒有留意路況，冷不防有一隻兇猛的大老虎突然撲出來。老虎對他虎視眈眈，突然銜住了他的衣服，把他拖到樹林裏去。

老虎飛快地穿過重重的樹林，包實夫來不及呼救，牠就在一塊岩石前停下，並把他放下來。看來這頭老虎已餓了數天，口水正從牠的嘴角流下來，當老虎準備撲往包實夫身上撕咬時，他馬上跪在地上，向老虎叩拜說：

「老虎大哥，你要吃我，我不會怨恨你，因為這是我注定的命運。但是我的家裏還有父母，他們已七十多歲了。希望你能看在我父母的份上，如果你容許我供養他們至終老，到時如果我還生存於世上，我一定會自己來找你，讓你大口大口地吃我，你認為怎樣？」

老虎聽了包實夫這一番說話後，大概受了感動，於是就放過了他，往岩石後面一跳，就消失於樹林中。

包實夫在樹林裏拜虎一事，被附近的村民知道了，人們紛紛讚揚包實夫的孝心，以及老虎的靈性，於是把包實夫拜虎的地方稱為「**拜虎崗**」。

王祥剖冰取魚

晉朝時，有一個人叫王祥。他的母親在他年少的時候就過世了。父親後來娶了一個姓朱的女子，成為**王祥的繼母**。

繼母的心地不好，不但沒有關愛王祥，而且屢次在他的父親面前數說他的不是：「祥兒很懶惰，沒有用心學習，又常常拒絕幫忙做家務……」父親信以為真，於是愈來愈不喜歡他。

王祥一直忍受着，即使繼母對他百般挑剔和諸多刁難，甚至要求他去做一些不可能做到的事情，他還是默默地忍受，而且還**對繼母**非常**孝順**，敬愛有加。

繼母很喜歡吃新鮮的活魚，於是就命令王祥到河裏去捉魚。但是，當時正值嚴寒的冬天，河水都結冰了，怎麼捉魚呢？為了讓繼母可以吃到新鮮的活魚，王祥想了一個辦法。

他冒着嚴寒來到河邊，然後脫掉身上單薄的衣服，開始在冰面上鑿洞，希望能捉到一兩尾鮮魚。

在這冰天雪地裏，只聽到敲鑿的聲音和北風呼呼咆哮的聲音，可憐的王祥身上沒有穿衣服，他的雙唇發紫，身體在顫抖！王祥一心為了讓繼母可以吃到鮮魚，忍受着嚴寒，一點怨言也沒有。

大概是上天被他的純厚孝心所打動了，突然，「啪」的一聲，河上面的冰裂開，兩條鯉魚從河裏躍出來，王祥非常高興，就把鯉魚帶回家，烹調好後就給繼母吃。

王祥家裏有棵果樹，果實成熟時會掉落地上。繼母又故意為難王祥，吩咐他要守着那棵樹，不可以讓一顆果實掉到地上。這實在是不可能的任務！然而，王祥還是按照繼母的意思去做了，特別是每到翻風下雨的日子，人們都躲在家裏避雨時，只有王祥冒着風雨奔向果樹，抱着它，哭着說：「樹啊，樹啊，求求你，千萬不要讓那些果實掉下來啊！」

終於，皇天不負有心人，王祥的一顆至誠孝心感動了繼母。從此，她待王祥如同親生兒子般關愛，而王祥仍然像往常一樣，對繼母敬愛有加。

愛護幼小

甲由兄弟與老鼠

甲由家族有**三兄弟**，每天都一起出去找食物回家分享，日子過得也不錯。

最近，這個單位中新搬來了一隻老鼠，老鼠的食量很大，把家中的食物搬走了很多，留給甲由兄弟的食物愈來愈少了，甲由兄弟有時也免不了要捱餓。

今天，甲由三兄弟只能找到兩塊肉，一塊大些，一塊小一些。

「我要吃大塊的，小塊的你們兩個分。」甲由大哥小強流着口水說。

「憑甚麼你要吃大的？我們都不夠吃啊！」早就餓壞肚皮的二哥小聰和三弟小馬齊聲抗議。

「因為我是大哥，身體最大份，當然要多吃些。」甲由大哥展示着牠的六隻大手大腳，企圖以**武力威脅**。

「你做大哥的可不能欺負我們啊！」二哥小聰和三弟小馬都有些害怕。

「怎麼不可以？**弱肉強食**是動物界的規矩嘛！你們再吵連小塊肉也不留給你們！」甲由大哥餓得連兄弟情也不顧了。

就在甲由兄弟爭吵的時候，沒注意到那隻老鼠正在悄悄地靠近，突然一口咬住了大塊肉，還齜牙咧嘴地對着甲由兄弟叫了一聲。甲由三兄弟都很害怕，馬上**四散而逃**，連小塊肉也不要了。

回到家裏，三兄弟都很氣餒，慨嘆生存實在不容易。

「若要服從弱肉強食的規矩，恐怕我們沒一個可以活下去。」二哥出言諷刺大哥。

大哥想起自己面對老鼠時害怕的樣子，也覺得很**慚愧**。

「我們不要內訌了，不如一起想想辦法吧！」三弟小馬說。大哥和二哥點點頭，同意是時候要團結一致對外了。

「我們要把食物從老鼠那裏拿回來！」二哥說。

「可我們不夠老鼠打呀！」大哥和三弟都很疑惑。

14 愛護幼小

「我們不能力敵，但可以智取呀。」足智多謀的二哥想出了一個主意：「你看到廚房裏的老鼠夾嗎？那是用來夾老鼠的，可老鼠也很聰明，每次去廚房都會避開老鼠夾。我有一個辦法可以把老鼠引到老鼠夾那裏。」

二哥建議力氣最大的大哥去搬幾塊麵包皮蓋着老鼠夾，把老鼠夾隱藏起來。然後就請跑得最快的三弟去偷老鼠的食物，並把老鼠引到老鼠夾那裏夾死牠。

之後，三兄弟開始行動了。大哥很快就找來麵包皮蓋着老鼠夾；三弟乘老鼠睡着的時候，成功從老鼠那裏偷了一小塊肉。三弟剛逃出老鼠洞的時候，二哥故意製造一些聲音吵醒老鼠。老鼠發現三弟小馬偷走了肉，馬上追出來。三弟把老鼠帶進了廚房。

老鼠進廚房時也有些猶豫，可三弟舉起那塊肉在老鼠夾旁邊向它示威，而大哥和二哥則在蓋着麵包皮的老鼠夾上啃面包皮。老鼠看看四周似乎很安全，而三兄弟目中無人的舉動也激怒了老鼠。老鼠於是一躍向蓋着麵包皮的老鼠夾跳過去，「啪」地一聲就被老鼠夾夾死了。

老鼠死後，甲由三兄弟在老鼠洞找到很多食物，加上沒有其他動物和牠們爭奪食物，又過起了以往**衣食無憂**的生活。

15 愛護幼小

豆和萁的故事

一個大戶人家的廚房裏，廚子正忙着為主人做飯，又洗菜，又切肉，真的忙得不可開交。廚子對婢女說：「快去準備一些新鮮的豆來，今晚主人要喝**豆菜湯**……」

廚房的灶頭正在燒着一鍋湯，婢女剛把新鮮的豆子放進湯裏去，廚子見火勢不夠旺，就在灶頭旁邊拿一些乾草和豆秸來，好讓火勢猛一些。

正當人們都忙東忙西時，鍋裏傳來了哭叫聲：「嗚嗚，豆秸啊，豆秸啊，我和你本來就是在**同一條根生長**的，現在你趁火勢愈燒愈旺，可憐我在熱湯裏像被火燒一樣，你不能這樣對我啊……」廚房內除了豆秸聽到豆子的哭訴外，似乎沒有人知道灶頭上發生的事。灶頭一堆乾柴很同情豆子的遭遇，於是對豆子說：「豆子啊，豆子，我聽過一位詩人唸過一首詩，我非常明白你的感受啊！」

原來乾柴所說的詩是曹植的《七步詩》：「煮豆燃豆萁，豆在釜中泣。本是同根生，**相煎何太急**。」

燃：燃燒

豆萁：即豆秸，農作物脫粒後剩下的莖。

釜：一種古代煮食的用具。

泣：哭泣。

創作這首詩的詩人曹植，深深明白兄弟相殘的痛苦。曹植是三國時期傑出的文學家，他是曹操的第三子、曹丕的弟弟。

曹植從小就具有出眾的**文學才華**，深得父親曹操的欣賞與寵愛；十二歲時，銅雀台剛落成，曹植參觀後，就寫成了《銅雀台賦》，令曹操十分高興。由於曹植的鋒芒太露了，引起了哥哥曹丕的嫉妒，擔心父親會立弟弟為太子。

曹操死後，曹丕做了**魏國的皇帝**。雖然如此，他仍擔心弟弟會威脅自己，於是，總是想方設法加害於他。

一天，曹丕召見曹植。曹丕說：「人人都說你才華出眾，以前父親在生時，也常常誇讚你文采不凡，不如現在就讓我再見識一下吧！」曹丕思索了一會，接着說：「以你的才華，

15

愛護幼小

應該可以在七步之內就作好一首詩吧？」

曹植一聽，知道哥哥又想借機會對他趕盡殺絕，心裏不由得感傷起來。他知道，如果未能在七步之內作出一首詩，哥哥就會以這事為由，判他欺君大罪，到時非要把他處死不可。

此刻，曹植既傷心又憤怒，但是他強忍着心中的悲痛，努力地想着想着……當曹植踏出第六步，曹丕心裏暗暗歡喜，以為快要掌握了弟弟的把柄時，曹植的詩情終於醞釀出來了。他踏出第七步時，就帶着一臉愁思，在哥哥曹丕面前唸出這首詩來。

這首詩被稱為《七步詩》，究竟它是甚麼意思呢？曹植是這樣說的：「鍋中正在煮豆時，豆秸在鍋下燃燒着，豆子在鍋中哭泣啊。豆秸和豆子本來就是同一條根上生長出來的，而豆秸在煮豆子時，為甚麼要如此苦苦相逼呢？」

曹植唸完這首詩後，曹丕一聽，知道弟弟在暗示自己這樣做簡直是兄弟互相殘殺。想起自己過去跟弟弟童年時的手足之情，感到非常慚愧，於是便這樣算了，曹植也因此而保住了性命。

許武教弟

漢朝時，有個叫許武的人，父母早死，剩下兩個弟弟由他照顧。一個弟弟叫許晏，另一個叫許普，二人年紀都很小。

許家以耕田為生，哥哥許武每天大清早就下田耕種，兩個弟弟都會跟隨他。

許武對弟弟們說：「你們兩個不用下田，就站在一旁好好看着。」

他寧願一個人擔起耕種的工作，而不讓弟弟捱苦。到了晚上，家家戶戶都休息的時候，許武就親自教弟弟們讀書。

有時，弟弟們沒有聽從他的訓勉，許武就會跑到祖先廟裏，跪在父母的靈位前斥責自己說：

「爹啊，娘啊！孩兒真不孝，孩兒對不起您們！弟弟們沒有聽從我的訓勉，是我做得不夠好。爹啊，娘啊！孩兒有負您們所托啊！」

鄉親父老們聽到許武的自責，都受到感動。

後來，許武被推舉為孝廉（是指地方官向朝廷推薦孝順父母、清廉方正的人出來做官），這是漢代讀書人取得社會名望的其中一個方法。許武知道兩個弟弟都還沒有名望，於是**把家產分為三份**。

他對兩個弟弟說：「這塊最肥美的田地和大房子，就歸我所有，其餘的就給你們吧！」許武的兩個弟弟各被分配了**一塊瘦田**和**一所破舊的小房子**。

在古代社會裏，長兄為父，他們也只好接受兄長的安排。不過，鄉親父老們認為許武自私自利，不顧手足之情，對兩個弟弟稱許有加，反而看不起許武了。

可是，有誰知道哥哥許武的苦衷呢？

原來許武知道兩個弟弟不用功讀書，如果把肥美的田地和大房子分給他們，他們就會不思進取，只會坐吃山空，到頭來敗壞了家業，而許武也會對不起父母。所以，他只好想出這個方法。

任憑鄉親父老們如何批評他，許武只好**充耳不聞**，因為他知道時間可以證明一切。

他的兩個弟弟因分不到好田地，於是發憤讀書，希望取得社會名聲。後來，他們都獲得推舉孝廉，**得到了名聲**。

哥哥許武終於放下心頭大石，於是召集鄉親父老們，哭訴當年要給弟弟們顯揚名聲的苦衷，並把所有家產都讓給兩個弟弟。此時大家才明白許武照顧弟弟的一番苦心。

明明的魔法

明明是小學四年級的學生，他看起來和普通的小學生一樣，但其實出身於**魔法世家**。雖然明明已從爸爸媽媽那裏學會了一些魔法，但爸爸媽媽告訴他：「任何時候都不能被別人知道我們會魔法，因為這是魔法世家的規矩。」

明明的同桌同學小餘是他的好朋友。有時候，小餘有麻煩的時候，明明也會用魔法幫他。好像今天小餘忘了帶中文課本，眼看要被老師懲罰，明明就用魔法將中文課本從小餘家變到**課桌抽屜**裏，然後告訴小餘：「你的課本不就在抽屜裏嗎？」

「我真是大頭蝦，原來我根本沒帶回家。」小餘摸摸頭說，不知道明明已暗中幫了他。

不過，小餘的記性差，常常借了明明的東西忘記還他，明明有時對他的大頭蝦也**感到不滿**。

17 愛護幼小

有一次，小餘借了明明一塊擦膠，用完放在自己筆盒中帶回家後丟失了，沒有還給明明。明明覺得只是一塊擦膠那也算了，也沒有追究。

可是，過了幾天，小餘借了明明**一支筆**，也是這樣用完放在自己筆盒中帶回家後丟失了。這次明明發火了：

「你一定要賠我的筆！」明明惡狠狠地對小餘說。

「這樣吧，把我這支給你可以嗎？」小餘拿了他的筆出來。

「我那支筆是新的，你這支是舊的，我不要，一定要賠錢和道歉。你上次已經弄丟了我的擦膠。」明明覺得小餘**太過份了**。

「甚麼擦膠啊？我沒錢賠你呀！」小餘早已忘記上次的事，也不肯賠錢。

「你不賠我是不會放過你的！」明明威脅道，但小餘扭過頭不理他。

第二天早上，明明在課室門上面放了一紙盒的水，打算等小餘進班房的時候用魔法使它掉下淋濕小餘，向他報復。

可是，當小餘走進班房、明明要移動紙盒的時候，魔法卻失靈，結果紙盒沒有掉下來。明明覺得很奇怪，就等大家都放學離開課室後，去查看一下紙盒為何沒有掉下來。哪知道，就在明明仰頭研究的時候，紙盒卻突然掉了下來，淋濕了他的衣服。

明明感到很洩氣，開始對自己的魔法失去信心。

這時候，明明忽然聽到：「救命啊！好痛呀！」的聲音。原來是二年級被罰留堂的學生小花被窗花夾住了手，校園裏其他人都走了，沒有人幫得了她。明明連忙跑過去，但也不知如何是好。

「快用你的魔法幫她呀！」小餘也是聽到救命聲跑回來的，原來他早就知道明明會魔法。雖然他很善忘，但明明三番四次用魔法幫他早已令小餘起了疑心。

「可是……我不知道行不行……」明明想起今天魔法失靈連紙盒也無法移動的事。

「我好疼呀！」小花被夾住手後還不斷亂動，結果愈夾愈緊。

「你就試試吧！」小餘鼓勵他。

於是明明開始念咒語施魔法。出乎意料之外，這次的魔法十分靈驗，窗花一點一點地向兩旁移動，小花的手終於可以縮回來了。明明和小餘都很雀躍，將之前的爭執拋到九霄雲外。

明明回家告訴爸爸媽媽這件事，不明白自己的魔法為何時靈時不靈。「這是理所當然的啊！你拿魔法做不好的事就會不靈驗，但用來做好事就會**威力無窮**，這也是我們魔法世家的祖訓啊！」

助人

小蜜蜂回家

深秋的天氣又冷又乾燥，天色一黑，大家便趕着回家。可是在小鎮的大街上，卻有一隻小蜜蜂迷路了，回不了家。牠又渴又累地在天上飛，希望可以找到回家的路。

最後，小蜜蜂不夠力氣飛了，掉到了冰冷的地上，眼看就要死了。這時，天上面忽然落下了一滴水，還冒着一絲熱氣。蜜蜂連忙喝了一口溫暖的水，恢復了一些力氣。

這滴救了小蜜蜂一命的水原來是一個女孩子

的淚水。

這個女孩子的名字叫小雪，她的後母對她很壞，每天都要她出去賣火柴來幫補家計。這幾天的生意都不好，只賣出很少的火柴。後母跟小雪說：「今天如果賣不完這些火柴就不要回家。」

可是，這時候大家都趕着回家，哪有人買火柴呢？小雪今天一盒火柴都賣不出去，怕回不了家，所以哭了。

「謝謝你的淚水救了我！」小蜜蜂向小雪道謝。

「不用謝，你快回家吧。」小雪說。

「可我迷路了，現在天又開始黑，我更找不到回家的路了。」小蜜蜂有點為難。

「這樣吧，我**點燃火柴**幫你找路吧！反正這些火柴也賣不出去。」小雪建議說。

「那你怎麼辦呢？沒有賣火柴的錢你可回不了家的啊！」

「反正我也沒辦法了，**總好過**我們**兩個**都**回不了家**的嘛。」

小蜜蜂也點點頭同意了。

火柴的光和熱量使小蜜蜂飛的時候既可看清前面的路，又不用捱凍，於是很快就找到回家的路。

小蜜蜂的巢在山頂的**大山洞**內。看見小雪無家可歸，小蜜蜂索性邀請小雪晚上在山洞裏過一晚，免得流落街頭被冷風吹。

第二天早上，小蜜蜂一家送了**一袋蜜糖**給小雪，讓她拿去市集上賣，以賺回賣火柴的錢。

由於鎮上的人都在準備食物以在冬天過節時享用，小雪的蜜糖很快就賣了出去，還賺了比賣火柴多得多的錢，她可以高高興興地回家去了。

有誰會想到，小雪的一滴淚水會同時救了小蜜蜂和她自己，我們真的應該互相關懷**互相幫忙**，你說對嗎？

大力娃娃

村子裏有一對夫婦，他們的孩子不幸去世了。這對夫婦非常傷心，做甚麼事都提不起興趣，連洗澡也不想洗了。

就這樣，夫婦倆三年都不洗澡，身上積了很多污垢，夫婦倆就用這些污垢捏了一個很像他們孩子的**泥娃娃**，然後把泥娃娃供奉起來。

有一天，泥娃娃忽然動了起來，還吃光了供桌上的食品。夫婦倆很開心，就找了很多東西給泥娃娃吃。泥娃娃胃口很大，夫婦倆雖然努力工作，還不夠餵飽泥娃娃。

有一天，泥娃娃說：「爸爸、媽媽，你們養育我很辛苦，我不如出外闖一闖吧。」夫婦倆就幫泥娃娃鑄了一根**大鐵棒**，給他帶上路保護自己。

泥娃娃的力氣很大。他在路上遇到一個名叫「神廟武士」的大力士，**神廟武士**扛着一座廟妨礙其他途人過路，泥娃娃就用大鐵棒把他打上了樹。神廟武士很佩服泥娃娃，就跟着他上路了。

之後，他們遇到了能將石頭打碎的石將軍。石將軍打碎的石頭片常常擊傷了途人，於是泥娃娃就阻止他這樣做。石將軍也不是泥娃娃的對手，最後也做了他的隨從。

他們三人來到了一條村子，在村子遇到一位姑娘正在哭。泥娃娃就問她發生了甚麼事？

姑娘告訴他們，村子裏來了一個妖怪，每天都要吃村子裏的人，今天輪到她了。

泥娃娃說：「姑娘你不要怕，我們來幫你！」

到了晚上，妖怪出現了，石將軍和神廟武士馬上衝過去和妖怪打架，但不久都被妖怪吞下肚子裏。於是泥娃娃也衝過去和妖怪打架，但打了很久也贏不了，因為妖怪的力氣也很大。這時，妖怪肚子裏的石將軍和神廟武士不斷用腳踢妖怪的胃，妖怪痛得彎下腰，泥娃娃就乘機拿起大鐵棒打妖怪的頭，把他打死了。

泥娃娃他們救了姑娘，姑娘的爸爸是個富翁，就把姑娘嫁給了泥娃娃，還留他們三人在村裏住，並每天都請他們吃很多**東西**。泥娃娃覺得村子裏的生活過得開心，就把爸爸媽媽也接來一起住，一起過上豐衣足食的生活。

積善之家，福延後人

明朝末年，桐城有一個張老員外，心地十分善良，喜歡幫助人。

有一年，桐城遇上天災，**農作物失收**，令米的價格上漲了好幾倍。大家都知道，米是中國人日常的主要糧食。一些奸詐的商人看到這個情形，就將米糧積存起來，不肯出售。於是，老百姓們買不到米；即使買到，都是價錢**貴得驚人**。漸漸地，桐城的老百姓就恐慌起來。地方官員向朝廷報告災情，卻一直沒有得到朝廷的回音。

這時，關心老百姓的張老員外很是憂心，他決定把家裏尚存的米以半價出售，讓老百姓可以買到米，暫時不用捱餓。

老百姓說：「張老員外真是個好官啊！我們現在有米吃了，不用擔心要捱餓了……」

雖然如此，張老員外**仍然感到憂心**，他對妻子說：「我仍擔心一些貧苦的老百姓沒錢買米，擔心他們仍然每天在挨餓。」於是，他開辦了施粥所，命令下人給貧苦的人隔天派發粥券，然後每天按**人數**煮**大量的**粥，施予貧苦的人。

於是，這些老百姓每天都能得到三餐溫飽，他們都說：「真好啊！這裏每餐都有大碗白粥和一小碟咸菜，每天都能吃得飽飽的。老員外是個有菩薩心腸的好官呢！」

張老員外很謙虛地說：「哪裏，哪裏。我只是怕奸商乘機抬高米價，令大家買不到米。而且，那些白粥咸菜花費不多，只要大家無需挨餓，我就覺得安心了。」

張老員外就這樣以半價出售大米，同時無私地向窮人施贈粥食。漸漸地，家裏的錢也用完了，老員外心裏十分焦急，他認為災情仍未改善，自己**救人必須救到底**，於是決定把尚餘的一部分家產變賣，繼續救濟老百姓。

他的主意得到妻子支持，他的妻子說：「我們給子孫積存產業，如果沒有積德，萬一子孫不成才，即使是金山銀山也會有用盡的一天。但是，如果**為子孫積德**，雖然沒有給他們留下任何家產，只要子孫將來有出息，還是可能富裕起來的！你也把我的珠寶首飾連同田地房屋一起變賣吧！」

張老員外聽後，心裏感到十分安慰。於是，他變賣了值錢的東西，繼續無私地幫助貧苦的人。

張老員外過世後，傳到了第五代子孫張英。張英在朝廷擔任宰相，他的兒子張廷玉，其後也繼承了父親的職位。而以後各代的子孫都代代有官職，家族中的產業也多不勝數。

很多人都說，這些全都是他們的祖先張老員外無私地救濟桐城老百姓所積的福啊！

無私的母雞

歐洲有一個機構，專門研究地球上各種動物的行為、習慣、生活形態等等。其中一位教授專門研究雞，他花了很多時間和心思去觀察各種雞的生活形態，有時會走進樹林裏去觀察、拍攝和記錄，有時會在實驗農場裏進行各種研究。

今天，他又到樹林裏去做實地研究。他一邊走着，一邊細心地留意樹林裏的各種狀況。

走着走着，突然在樹林裏發現了一個山雉巢，巢裏有很多蛋。山雉媽媽剛好出去找食物，他就悄悄地取了幾個山雉蛋帶回實驗農場去。

回到實驗農場後，助手告訴他農場裏有一隻母雞剛剛生了蛋。教授為了更深入了解母雞的習慣，決定把母雞剛生下的蛋取走，換上山雉的蛋。

奇妙的事情開始發生了。雞媽媽發現自己巢裏的蛋似乎有點不一樣，初時在巢外走來走去，似乎有點猶豫。但是，不一會兒，牠還是決定坐進巢裏去，用自己的體溫去孵化這些蛋，即使它們不是自己所下的蛋，牠仍然帶着溫柔和謹慎去孵化它們，就像孵化自己所下的蛋一樣。

過了一些時間，小山雉終於破殼而出。牠們以為母雞就是媽媽，整天跟在牠的後面。

而母雞似乎知道自己的「孩子」有點不一樣，於是帶牠們到樹林裏去，用爪子把泥土撥開，尋找小蟲兒。找到後，就咕咕地呼喚着小山雉來吃。

「孩子」們聽到雞媽媽的叫喚後，一個跟一個地走到雞媽媽跟前，雞媽媽就耐心地把小蟲兒送到牠們的小嘴裏，好一片溫馨的情景！

教授看在眼裏，心裏感到非常驚訝！因為這隻母雞以前曾孵化的小雞，一向都是用人造飼料來餵食的，這次母雞竟然知道小山雉只吃泥土和樹根之間的小蟲兒！

教授心裏在想：「牠怎麼知道自己的『孩子』不吃人造飼料呢？到底是甚麼原因呢？」他決定以其他的方法再去測

試母雞。

這次，教授用鴨蛋來測試母雞。他把鴨蛋放進母雞的巢裏，讓牠去孵化它們。

母雞像上次一樣發現巢裏的蛋有點不一樣，但還是付出無比的耐性，把鴨蛋孵化成小鴨。

當小鴨出生後，母雞就帶着小鴨來到水池邊，讓小鴨在水裏學習游泳。

這是多麼感人的一幕！母雞是多麼的聰明啊！教授仍在思索：「是甚麼因素令到母雞變得這樣的聰明，讓牠知道『孩子』的生活和吃食習慣？」

教授想着想着，忽然明白了一個道理：是無私的愛，令母雞願意無條件地為「孩子」付出，明白牠們的需要。

禮貌

魔童的玩具寶藏

小雷是一個貪玩又沒禮貌的小孩子，很少人喜歡和他玩，所以常常獨自一個人玩。

閒着無聊的時候，小雷也會到村後的樹林裏去捉昆蟲自己玩。有一天下午，小雷在樹林裏遇見一個身材矮小但戴着一頂又高又尖的帽子的小孩，小雷知道他就是傳說中的魔童。

小雷聽大人說，在樹林裏住着的魔童有一個玩具寶藏，每年都會將一個玩具送給家中窮困但很有禮貌的孩子。

「只要我找到那寶藏，就算沒禮貌也會有很多玩具玩。」小雷心裏這樣想，於是就偷偷跟蹤魔童，看他的玩具寶藏在哪裏。

小雷跟蹤魔童來到樹林的深處，那裏有一棵空心的大樹。只聽見魔童對着大樹說：「番薯請開門！」大樹就打開了，露出了一大堆的玩具。魔童在大堆玩具中拿走一件，說了聲「謝謝！」就離開了，大樹洞也自動關上。

魔童走後，小雷來到大樹面前，學着魔童說「番薯請開門！」大樹也打開了，小雷連忙走進樹洞中選取玩具。但小雷很貪心，不想只拿一件就離開，而是在裏面不斷玩各種玩具，捨不得離開。不久天黑下來了，小雷也很疲倦，就在樹洞裏睡着了，而大樹洞也在晚間自動關上。

第二天早上小雷醒來，想離開樹洞，就大叫「番薯開門！」。由於小雷很少用「請」字，所以忘記在咒語中加上「請」，結果大樹一動也不動，小雷怎麼叫都沒有打開門。

「你這該死的番薯快開門！」小雷愈叫愈急，開始罵人，愈來愈無法記起原來的咒語。

小雷被困在樹洞裏三天三夜，眼看就要餓死了。還好今天魔童又回來了，他大叫着「番薯請開門！」，小雷聽到後才記起是漏了個「請」字。魔童打開樹洞時看到小雷被困在裏面感到很驚訝，不過也沒有怪責小雷，只是告誡小雷以後不要再來這裏，否則會受到更大的懲罰，小雷答應了。

22 禮貌

小雷回家後，卻沒有遵守諾言，到處炫耀他知道玩具寶藏的位置這件事。第二天，**小雷**還帶了好幾個**小朋友**去玩具寶藏那裏拿玩具。

小雷用咒語打開樹洞後，小朋友就一擁而上，每個人都拿了一件玩具，高興得不斷向大樹說：「謝謝！」小雷最貪心，一共拿了三個玩具，每隻手有一個，嘴裏含着機械人公仔，而且還東張西望地走在最後，希望可以拿走更好的玩具，但一句「謝謝！」也沒有說。

就在小雷剛走出樹洞的時候，小雷卻**給樹藤絆倒了**，而且愈纏愈緊，使小雷沒辦法離開，其他小朋友看到小雷給大樹捉住了，嚇得一哄而散。

傍晚時分，魔童又回來了，看到小雷狼狽的樣子，對小雷說：「你是不是沒有對大樹說『謝謝』呀？這是對你**沒禮貌**的**懲罰**呢**！**」

小雷連忙對着大樹大聲說：「謝謝！謝謝！」大樹就鬆開了纏着小雷的樹藤。

「可我也要懲罰你沒有遵守不可再來的諾言，你就在這裏做一個月的玩具製造工作吧，而且每天都要跟大樹打招呼，彬彬有禮地和大樹交談，你做得到嗎？」

「可以的。」小雷只好留在樹林裏做了一個月的工作，之後就學會了禮貌地對待其他人。

成功的基石

柳公權是唐代著名的書法家，書法清峻挺拔，氣勢不凡，後世的人都學習他的書法作品。一個人之所以有成就，除了天賦的能力和刻苦學習外，個人的品德修養也是很重要的。

柳公權少年時就喜歡寫字，常常跟幾個朋友比賽，看誰寫得最好。當時，少年柳公權又的確比其他人寫得好看，難怪他心裏會沾沾自喜。

有一天，他們又比賽寫字。這一次，少年柳公權寫下了「會寫飛鳳家，敢在人前誇」幾個字，面上掛着非常自滿的神色。

一個賣豆腐的老翁無意中經過，看到少年柳公權寫的幾個字，覺得這個孩子寫的字的確比其他人出眾，但是他實在太驕傲了，於是故意皺着眉頭，對他說：「你寫的字並不見得好，就像我賣的豆腐一樣，軟塌塌的，這樣都值得在別人面前自誇嗎？」

少年柳公權聽到後，不屑地說：「哼！你這個賣豆腐的老翁，如果你有本事，就寫幾個字給我們看看。」老翁哈哈大笑了起來，然後說：「不敢，不敢，我只是一個幹粗活的人，寫字不好看。但是，我知道有一個人用腳寫字都寫得比你好呢！」

少年柳公權帶着懷疑的神色說：「用腳寫字都寫得比我好？我才不相信呢！」老翁一臉認真地說：「你不相信？那麼你到華京城去看看吧。」說完，就一邊走着，一邊哈哈大笑。

少年柳公權很不服氣，第二天天還未亮時，就獨自去了華京城一趟。華京城很熱鬧，大街小巷都擠滿了人。柳公權走着走着，忽然看見一棵槐樹下圍着很多人，似乎在觀看新奇的事物。

於是他就擠進人群中，原來是一個斷了雙臂的老翁正在用腳寫對聯。老翁坐在地上，用左腳壓着紙，右腳夾着筆，正在揮灑自如地寫字。他的字既像萬馬奔騰，又像龍飛鳳舞，令圍觀的人嘖嘖稱奇，喝彩聲此起彼落。這樣的情境，這樣的筆法，令少年柳公權看得呆了。看着看着，他不禁慚愧起來，說：「賣豆腐的老翁說得對，我的字根本比不上這位用腳寫字的老人家！我還沾沾自喜地向別人炫耀，實在太驕傲了！」

少年柳公權決心要向這位用腳寫字的老人家學寫字，於是跪在老翁面前，誠懇地說：「請您收我為徒吧？我衷心希望能跟您學習寫字，請您告訴我寫字的秘訣……」

老翁謙虛地說：「小兄弟，我只是個孤苦無依的人，生來沒有雙臂，唯有用腳寫字來謀生，我怎能做你的老師呢？」少年柳公權仍不願站起來，繼續苦苦哀求。

老翁於是用右腳在一張紙上寫了「寫盡八缸水，硯染澇池黑；博取百家長，始得龍鳳飛。」

原來，老翁用腳練習寫字已有五十多年，他用盡八缸水來磨墨練字，每天練習完，就在池塘裏洗硯，天天如此，連池水都染黑了。

少年柳公權明白了箇中的秘訣，於是下定決心，發奮練字。他參看了古今書法名家的作品，每天都一遍又一遍地臨摹。由於柳公權每天都練習寫字，他的手漸漸地摩起了厚厚的繭，手肘的衣服補了一層又一層。日子有功，柳公權終於成為中國著名的書法家，留下了很多永垂不朽的作品。

欹器的故事

孔子是中國古代著名的教育家，被稱為萬世師表，他擅於在日常生活中發現大道理。

有一次，孔子帶着學生們來到一座廟裏，廟內放置了一件欹器。甚麼是欹器呢？根據古書的記載，春秋時代，齊桓公是春秋五霸之一，後來過世了，齊國的人民於是建了一座廟堂，用來紀念他。廟堂裏有很多擺設和祭器，其中有一種非常特別的盛酒器皿，稱為欹器。

這器皿引起了孔子的好奇心，於是問守廟的人說：「這是甚麼？」

守廟的人回答說：「這是君主放在座位右邊的一種器具。」

孔子接着說：「原來是這樣。那麼，器皿空着的時候是傾斜的吧？把水注入器皿內，只需一半就能直立起來，對吧？」

守廟的人回答說：「是的。」

孔子向守廟的人道謝後，似乎想到了甚麼，於是對學生們說：「欹器空着的時候就會傾斜，把酒或水注入器皿內，只需一半就能直立起來；如果器皿滿了就會傾斜。」學生們都專注地聆聽孔子所說的話。

孔子繼續說：「所以，齊桓公常常把欹器放在他的座位右邊，以便時刻警戒自己，不可以驕傲自滿。」

有些學生似乎不大明白，露出一臉疑惑的樣子。

孔子解釋着說：「人驕傲自滿，就像這欹器裝滿了水，一定會傾斜而翻倒。」

孔子說完後，就叫學生拿一些水來，有幾個學生向守廟的取了一點水，孔子說：「把水注入欹器內吧！」

學生們都目不轉睛地看着欹器，當一個學生把水倒進去，到了一半時停止，欹器就直立起來；然後再把水注滿器皿，果然一切跟孔子所說的一樣，它傾斜而翻倒了。

學生們都點頭表示明白。

孔子是擅長抓住教育機會的老師，他知道這欹器當中藏着做學問和做人的大道理，於是對學生說：

「做學問跟這欹器一樣，謙虛會獲益良多（注入一半水，欹器就會直立），自滿就會招致損失（注入滿滿的水，欹器就會傾斜並把水倒出來），你們要好好記住這個道理。」

學生們一同回答說：「老師的教誨，我們會牢牢記住。」

孔子回家後，就請人製造了一個欹器，像齊桓公一樣，放在座位的右側，用來提醒自己，要時時刻刻**保持謙虛**。

公主與玫瑰

皇宮裏住着美麗的公主。公主有一個**金花瓶**和一個**銀花瓶**，那是她出生時一位仙女送給公主的禮物。當時，仙女告訴國王，這些花瓶對公主會很有用，要好好保存，如果公主將來遇到不好的事情時，可以在花瓶中種一株玫瑰。

在公主三歲那年，森林裏的巫婆向國王要那個金花瓶，國王不給她，巫婆就向公主施了一個咒語，詛咒她將來只要做一件對別人不好的事，就會立刻變成**醜陋**的**黑熊**。為避免公主變成黑熊，國王和皇后就將公主困在皇宮，不讓她和外邊接觸，怕她不小心做了對不起人的事。

公主今年六歲了，整天呆在皇宮裏覺得很悶，有時瞞着父母偷走到皇宮外玩，還認識了一個名叫「玫瑰」的同齡女孩。

25 禮貌

玫瑰的家裏有很多錢，她聽說公主有一個金花瓶，就建議用一百個金幣和她換。公主起初不願意，但玫瑰告訴她一百個金幣可以買很多糖果和玩具，公主就開始動心。國王雖然有很多錢，但不會給公主，因為國王是不准公主外出的，所以也不會給她錢。公主想想自己把花瓶偷出皇宮後，可以拿這麼多錢隨便買想要的東西，公主就答應了玫瑰，把金花瓶賣給她。

不久，國王發現公主的金花瓶不見了，就問公主金花瓶哪裏去了？公主不敢說出真相，騙國王說金花瓶只是被放在閣樓上面，隨時可以拿下來。

「那你明天拿給我看看。」國王**半信半疑**地說。

「唔……好。」公主支吾以對。

當天晚上，公主馬上偷走出皇宮去找玫瑰，要求取回金花瓶。

「那你也要把***一百個***

還給我啊！」玫瑰說。

「可那些金幣我都拿來買糖果和玩具，已經花光了。」公主無奈地說：「那我拿銀花瓶跟你換可以吧？」

「那怎麼可以呢？銀花瓶不及金花瓶值錢啊！」玫瑰抗

議道。

「怎麼不可以？我是公主就甚麼都可以！如果你不答應，我叫爸爸把你家的財產都沒收了！」公主情急之下，竟然惡言相向，威脅玫瑰。玫瑰很害怕，唯有拿出金花瓶和公主交換銀花瓶。

就在公主高高興興地拿着金花瓶回皇宮時，施在她身上的咒語生效了，她慢慢地變成了一隻醜陋的黑熊。國王看到皇宮出現了一隻拿着金花瓶的黑熊，就知道是公主出了事。但黑熊不會講話，不能告訴國王做錯了甚麼事，傷害了甚麼人，所以也不知道怎麼補救，唯有按仙女的指示，給了黑熊公主一顆玫瑰種子，讓她在金花瓶裏種一株玫瑰。

幾個月後，種子長成了玫瑰花蕾，但始終沒有開花。黑熊公主也很心急，她知道自己做了對不起好朋友玫瑰的事，也想將這朵玫瑰花送給她作為道歉的禮物。

這一天，玫瑰的爸爸有事來找國王，還帶了玫瑰一起來。哪知玫瑰剛走進皇宮，就不小心給門檻絆倒了，痛得大哭起來。黑熊公主認得玫瑰的哭聲，馬上從後宮拿着種在金花瓶

25 禮貌

中的玫瑰花跑過來找玫瑰。玫瑰看到一隻黑熊走過來，起初很害怕，但看到黑熊手裏拿着的金花瓶和玫瑰花株又覺得很有趣，停止了哭聲。

黑熊公主把金花瓶遞到玫瑰面前給她細看，玫瑰就用手摸了一下玫瑰花蕾。說也奇怪，玫瑰花蕾就突然在這時候開花了。玫瑰感到很有趣，不但不再哭，還笑了起來，並拉着黑熊一起玩。

就在這時候，那隻醜陋的黑熊忽然變回了美麗的公主。大家這才明白，原來公主欺負人就變成黑熊的咒語，要在公主逗得對方開心之後才會得到解除。

《高EQ孩子的睡前故事——成為受歡迎同伴的秘密》

編著：單一明 李雪熒
版面設計：麥碧心
責任編輯：李卓蔚

出版：跨版生活圖書出版
地址：荃灣沙咀道11-19號達貿中心211室
電話：31535574　　傳真：31627223
網址：http://crossborder.com.hk/（Facebook專頁）
網站：http://www.crossborderbook.net
電郵：crossborderbook@yahoo.com.hk

發行：泛華發行代理有限公司
地址：香港新界將軍澳工業邨駿昌街星島新聞集團大廈
電話：2798-2220　　傳真：2796-5471
網頁：http://www.gccd.com.hk
電郵：gccd@singtaonewscorp.com

台灣總經銷：永盈出版行銷有限公司
地址：231新北市新店區中正路499號4樓
電話：(02)2218 0701　　傳真：(02)2218 0704

印刷：鴻基印刷有限公司

出版日期：2020年9月第1次印刷
定價：港幣88元 新台幣390元
ISBN：978-988-75022-0-3

出版社法律顧問：勞潔儀律師行